"EL PEQUEÑO RAINMAN"

Por: Karen L. Simmons

Traducido al español por: Adreanna Riley

"Rainman" es un adulto autista, un personaje de una película de los Estados Unidos.

FUTURE HORIZONS INC.

Los derechos de venta y de publiear son
garantizados y reservados por

Future Horizons, Inc.
720 N. Fielder Road
Arlington, Texas 76012

Telephone: (800) 489-0727 • (817) 277-0727
Fax: (817) 277-2270

Internet –www.FutureHorizons-autism.com
e-mail: edfuture@onramp.net

ISBN # 1-885477-29-5

Back Cover Photo:
FRED KATZ, Photographer
Edmonton, Alberta Canada
(403) 482-2900

Exclusive Canadian Distributor:
KEEN Education Foundation
(403) 417-KEEN (5336)

Preface

Después de mi experiencia de que casi me morí en el 1994, sentia inspiración divina de escribir un libro. En ese entonces, pensaba que tenía que tratar de esa misma experiencia. Intenté y nada me surgió. No fue hasta que asistí a una conferencia sobre el Autismo en agosto del 1995 que me dió escalofrío y se me puso la carne de gallina al pensar en este libro, y las palabras pasaron por mí. Me gusta decir que "se escribio este libro por mí" en vez de que "yo escribí este libro."

Hoy en día va subiendo la incidencia del autismo, o el desorden global del desarrollo. No es sólo por un aumento de la frecuencia, sino también que lo están reconociendo cuando los niños son más pequeños y en formas más ligeras. Además de que el criterio de diagnóstico ha cambiado, lo cual altera la prevalencia. Lo que antes se pensaba un desorden causado por los padres, se conoce ahora como un desorden neurobiológico que ocurre antes de que nazca el niño. En sólo el estado de Massachusetts, el diagnóstico del autismo ha aumentado en un 500% en los últimos ocho años, según Kathleen Quill, autora de *Teaching Children with Autism; Strategies to Enhance Communication and Socialization.* Ella es Profesora Asociada de Lesley College, en Manchester, Massachusetts.

La razón por la que estoy escribiendo este libro es ayudarles a los niños autistas y a sus padres, maestros, y hermanos, para que entiendan lo más temprano posible lo que es el verdadero mundo del autismo." Esto va a ayudar a que se incriban en un programa de intervencíon lo más temprano posible. De esta manera podría haber un buen pronóstico, como lo han tenido muchos niños recientemente. Lo que primero pensaba era escribir un manual para los maestros de mi hijo y para ostras personas que son parte de su vida. De esta manera sabrían como trabajar más efectivamente con su comportamiento en la escuela o en otras partes. Yo podría simplemente prestarles el libro y decirles, "Aquí está Jonathan. Por favor lean sobre él, porque él es diferente de la mayoría de las demás personas." Cada año va a haber nuevas clases, en las cuales yo tendría que educar a las personas sobre quíen es Jonathan. Durante una conferencia avanzada sobre el autismo en El Centro de Geneva, en Toronto, Ontario, se notó que las personas autistas aprenden mejor por el medio escrito si hablan, y por el medio de dibujos o fotos si no hablan. Eso me llevó a la idea de escribir su historia. Como mi hijo puede leer, yo pensaba que ésta sería la mejor manera de que él se entendiera a sí mismo y su condición de autismo. Por el proceso de leer el manuscrito en sus primeros años, él va a entender cómo es diferente a los demás y cómo los demás y cómo los demás lo perciben. Mi esperanze es de que el mundo aprenda a *capacitar* en vez de *incapacitar* a los individuos autistas en sus vidas.

Este libro se escribe *directamente* por Karen Simmons e *indirectamente* por mi hijo de cinco años, Jonathan. Sentía que literalmente estabe dentro de su cabeza y que escribía lo que verdaderamente él siente. El autismo tiene diferentes grados. Mi hijo es un individuo autista de alto funcionamiento que es capaz de expresarse a una edad muy joven. Diferente a mucha de la población autista, en que el 50% no hable y algunos tienen problemas severos del comportamiento, como el golpear la cabeza en algo, él es capaz de funcionar más efectivamente. Él es como una ventana a la mente de un niño autista. Aunque el libro se dirige a las personas autistas, podría ayudarles a los maestros, padres, hermanos y cualquier otra persona a que reconozca los sintomas del autismo en un niño chiquito. Mi esperanza es de que a la vez esto pueda ayudar a dirigir a más niños a intervenciones tempranas cuando son más chiquitos, dándoles una mejor oportunidad en la vida.

Actualmente mi hijo está inscrito en un programa de intervención temprana, en el que ha estado desde los tres años y medio. Estamos haciendo todo lo posible por varias formas de tratamiento que pensamos apropiadas para él. También nos mantenemos abiertos a nuevas ideas, y seguimos con las que nos funcionan. Yo creo que el haberlo inscrito en un programa de intervención temprana ha sido clave en su progreso.

Al escribir el libro he trabajado con mis deseos de negar la condición de mi hijo, que sólo *impediría* e interferiría con su progreso. Yo creo que cada persona tiene una razón por la que está puesta aquí en el mundo, exactamente como es, y cada individuo es increíblemente especial. Cada una de estas preciosas personas autistas necesitan ayuda para aprender de su estilo único, para que realicen su potencial completo. El actuar como facilitadores en este proceso, creo yo, es nuestro rol como familia y educadores. Me inspiró a escribir este libro un niño autista de doce años en Toronto. Él dijo, *"Yo nunca me había dado cuenta de que tenía el autismo hasta que tuve nueve años. Si lo hubiera sabido antes, me habría ayudado a entender quién era y cómo era diferente. Habría tenido mejor calidad de vida, más feliz y más fácil."*

La historia tal como está escrita, son realmente los eventos de la vida de mi hijo. Sus pensamientos y sus sentimientos están escritos como él me lo ha dicho, de manera verbal y a través de sus acciones no verbales. Yo he puesto en letras itálicas las palabras que él en realidad usa. Yo sé que ésta es la manera como él se sentía en ciertos momentos, tal como cualquier madre conoce a su propio hijo. Muchos incidentes han ocurrido, demasiado numerosos como para mencionarlos, que me han llevado a esta conslusión. Ésta es la manera como él usaba las palabras en los enunciados y esta mejorando cada día. He agregado algunos diálogos como "mi mamá me dice" o "he escuchado", con el fin de ayudarlo a él y a otros individuos autistas a comprender mejor el autismo a través de la lectura del texto.

También lo escribí como libreto para que a través de la lectura él aprenda cómo es diferente de los otros. He agregado muchos dibujos para ayudar a comprender a aquellos que no pueden leer. Jonathan ha léido *El Pequeño Rainman* varias veces, y yo no estaba segura de si él lo había entendido o no. Seis mese después de leerlo, de repente él dijo, *"Recuerdas ese libro que escribiste sobre mí. El Pequeño Rainman, eso fue bien divertido como yo bajaba las cosas a Jogy por la taza del baño. Me encantó ese libro."* Desde ese entonces, le he preguntado varias veces sobre lo que dice el libro. Él recuerda mucho y está de acuerdo con lo que dice. Hasta puede reírse de lo que antes hacía. Como ya entiende lo que pasaría si saliera volando de la ventana, dice. *"Antes pensaba que podía volar"* o *"A veces los ruidos fuertes me molestan, pero no siempre."* Por lo menos él sabe que tiene el autismo y es un buen lugar para empezar su vida. Él dijo que quería tener un dibujo de nosotros (Jonathan y yo) haciendo una señal de adiós al final del libro. Lo que *significa* el tener el autismo es otra historia que me dijo que me ayudaria a escribir en otro libro.

Acknowledgments

First and foremost, I am grateful to all of my family for supporting the completion of this book. Without the patience, understanding and sixth sense ability of my children Kimberly, Mathew, Christina, Jonathan, Stephen and Alexander, I don't know how I could have finished. My husband Jim was very understanding and tolerant, especially since I stayed up many nights until 2:00 a.m. I especially appreciate my mother Mitzi Briehn who has believed in me, and has shown me love and acceptance, when I have doubted myself the most. My step-father Edward Briehn (Bunny) has been a great role model by always wearing a smile regardless of circumstances. My sister Susan Simmons was very supportive and encouraging during this process. My grandmother Mama Nesse has always been part of me and guided me down our spirtual path. My father John Simmons along with his love, has given me a sense of humor; and his late wife Martha has taught me that I can achieve my goals through my determination. My sister-in-law Anna first brought Jonathan's differences to my attention, when I didn't see them. My in-laws Joe, Josephine and Brian who supported me in my endeavors.

I am very appreciative of the efforts of my publisher, Wayne Gilpin, of Future Horizons in Arlington, Texas. He and his staff have brought my vision to life without changing the manuscript.

I want to thank Gail Gillingham for proofreading my manuscript and giving me very good suggestions. I am grateful to Donna Williams for her correspondence and inspiration as well as Temple Grandin who will be using some of these illustrations in her presentations. Neil Walker and Ken Salzman from The Geneva Centre for Autism in Toronto were also very helpful.

Rob Woodbury, the artist with autism, created the concepts for the illustrations from his perspective. Caraly Peterson, my son's aide, has been extremely helpful in her observations of Jonathan, as well as the expertise she has through working with other autistic individuals. Nancy Power, a wonderful friend, helped me get started in the publishing process. A very dear friend, Cyndi Harvey, whose life has paralled mine for the past eight years, has helped me to believe in myself. Dr. Gerald Jampolsky assisted me with names of publishers. Dr. Carol Ann Hapchin, Jonathan's psychiatrist, also proofread the manuscript several times from her perspective.

Other special friends I would like to acknowledge are: Nancy and Dave Siever, Karen Knight, Dr. Dorothea Jones, Bill and Monica Bergman, Dr. Kan Lee, The Karpoffs, The Rowswells, Cheryl Guyon, Frances South, Corinne Callan, Gwen Randall Young, Bev Crook, Vaun Gramatovich, Trish Hagen, Paula Coombs, Dr. and Mrs. Visconti, Dr. Goulden, Adele Parker and Bob Wilson. Each one of these people supported me during this process through friendship and professional expertise. Dr. Morcos, Dr. Chyczij, Dr. Chetner and many other doctors at the Miscericordia Hospital were instrumental in giving me back my life. Val MacMillan, Jonathan's teacher, Susan Sieben, resource assistant, Margaret Galipeau, physiotherapist, Audrey Cheney, speech therapist, and Sandra Moore, teachers assistant have all worked together within my son's Early Intervention Program. This took place within the Brentwood School in collaboration with the Robin Hood Association. John Convey, principal, Bea Gursky, special needs facilitator and all the teachers at Father Kenneth Kearns School have been very supportive through their belief in inclusion. Additionally, I wish to acknowledge the Four Mark's, a support group of teachers I have come to know. Also, Willson and Mary Anne Green for their assistance in selecting artwork.

I would especially like to acknowledge Enrico Bianco. He is a twelve-year-old boy with autism whom I met at the Geneva Centre Autism Conference in Toronto. What he said was how he really wished he had known about his autism at an earlier age so he could have dealt with it more comfortably. Enrico was told about it but he didn't comprehend it until he was nine years old.

Many people, too numerous to mention, have been there for me before and during the publication of this book. I wish to sincerely thank everyone I haven't mentioned who have assisted me in making *Little Rainman* possible.

Mil gracias a Juanita Malerva por su ayuda sin precio a darles sentido gramático y cultural a varias frases difíciles, a Araceli Alarcón por las noches largas de teclear, y a Juanita y a su esposo, Scott Cooper, por el uso de una computadora con un buen programa para la ortografía del español.

Dedicatoria

Dedico este libro primordialmente a mi hijo Jonathan. Lo quiero mucho. Además, se dedica este libro sinceramente a todos los niños del mundo con el autismo, que tengan una vida mejor. La condición de autismo verdaderamente puede enriquecer tanto las vidas de las familias como las de otras personas alrededor del individuo.

Este libro se ilustró con el esfuerzo combinado de tres individuos: Rob Woodbury, un individuo de treinta años y de alto funcionamiento con el autismo, quien hizo los dibujos originales; mi madre Mitzi Briehn; y mi hermana Susan Simmons quienes trabajaron juntas para completar los dibujos y animar algunos con colores.

Me llamo Jonathan. Yo tengo autismo. Mi nariz se mira igual como las demás y también mis oídos. Solamente que puedo ver y oír mucho mejor que la mayoría de la gente. Mi cerebro piensa de una manera diferente. Algunas cosas las hago mejor, como leer y copiar; otras cosas las hago peor, como hacerme amigo de alguien. Necesito ayuda para apreder a hacer algunas cosas. No hay muchas personas como yo, quizás 15 personas en 10,000, pues entonces soy bien único. Siempre voy a tener que apreder a hacer frente a este mundo, cosa que les es natural a los demás.

Cuando era bebé no me gustaba que me tocaran o me abrazaran, aunque fueran mis padres. Lloraba cuando me levantaban. Mis abuelos pensaban que era algo raro, pero nadie más le prestó mucha atención.

En ese entonces, cuando tenía entre un año y dos, me fascinaban los círculos y dar vueltas yo mismo. Me gustaba girar las cosas una y otra vez requeterápido. Mis padres tuvieron que reconectar el candelabro tres veces porque literalmente lo había girado fuera del enchufe. Además de que me metía en el lavaplatos y giraba la parte de abajo. Mamá y yo jugábamos un juego de ejercicio. Ella levantaba una pierna y decía, "Círculos en el aire, círculos en el aire, cambia," pasando de una pierna a la otra una y otra vez. Me encantaba este juego y reía bien fuerte. Solamente que yo siempre levantabe la misma pierna, sin cambiar a la otra. Ya no lo jugamos porque mamá dice que yo me pongo demasiado enfocado en el juego, no quiero dejar de jugarlo.

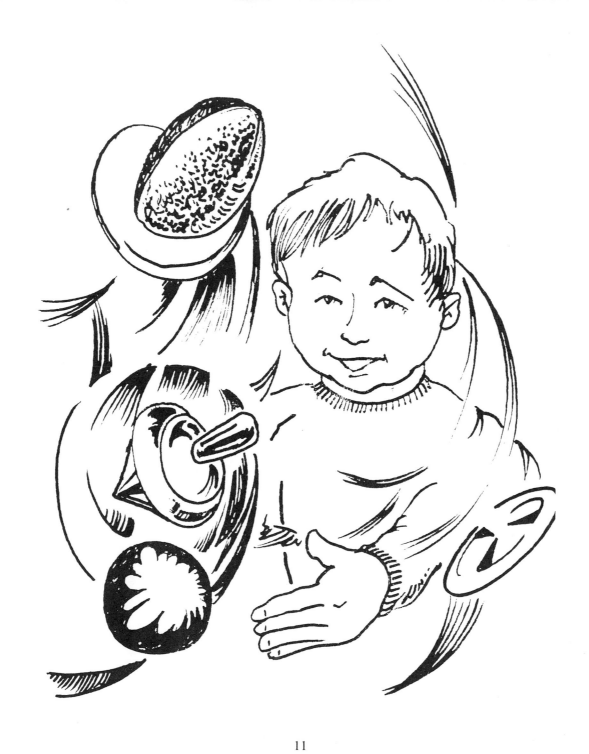

Me gusta dar vueltas. Mamá dice que a muchas personas con el autismo (como yo) les gusta dar vueltas. Nos gustan las ruedas de los carros, caminar en círculos, sacudir las manos, o hasta mecer. También me gusta cantar fuerte diciendo "wi-wi-wi." Me hace sentir bien hacerlo. Las personas maypres tienen un nombre para ésto. Lo llaman "estimularse." Yo lo único que sé es que me hace sentir bien, aunque mamá dice que la mayoría de los demás piensan que es raro.

Cuando era más chiquito, no me gustaba que me tocaran porque mi piel era demasiado sensible. Casi me dolía que me tocaran, especialmente cuando yo no iniciaba el contacto. La gente pensabe que quería estar solo. No aguantaba estar en un gentío, ni me gustaba estar con las personas. Por supuesto que me gustan las personas, solamente que no lo demuestro de la misma manera que la mayoría de los demás. Me gusta quedarme con la gente mucho más ahora. En un cuarto lleno de personas ¡puedo dilatar hasta quince minutos! A veces cuando dilato con la gente me mantengo seguro dentro de mi propia mente. Tengo como un lugaricito seguro solamente para mí. La mayoría de los demás quieren un espacio como de dos pies alrededor de sí cuando no quieren que la gente se acerque demasiado; ¡pues, mi espacio es un mínimo de como diez pies! Estar en un gentío sigue siendo lo que menos me gusta.

Se me dificulta pensar en más de una cosa a la vez. Probablemente es por eso que no me gusta mirar a los ojos cuando me hablan. Para mí no tiene sentido mirarlos cuando están hablando. Parece que me incomoda hacerlo. Continúo igual en ésto hasta ahora. Ya voy a cumplir los cinco años. Es como si prefiriera escuchar lo que sus ojos me estan diciendo. Les miro como de la comisura del ojo. Aunque tengo la vista 20/20 pienso que tengo los ojos malos porque se me dificulta coger una pelota, y muchas veces tropezo con la gente sin quere. Se alteran y a veces lloran. *Lo único que puedo decir es "lo siento."* Mamá me va a llevar a que me chequée un oculista especial.

A veces no entiendo lo que quieren decir las personas con las expresiones de la cara, porque no entiendo lo que significan las expresiones. Quizás una persona se enoja conmigo, o no quiere jugar conmigo, pero no me doy cuenta. Parece que las personas mayores piensan que debiera saber automáticamenta cuando alguien no quiere jugar conmigo. No lo capto hasta que es demasiado tarde.

También hay los sonidos. Oigo que hay un helicóptero en el aire antes de que lo oigan mis hermanos. Digo, "¿Cuál es ese ruido?" Cuando hay muchas personas en un cuarto haciendo mucha bulla tengo que salir del cuarto. Además de que no me gusta que se prenda la licuadora. Yo digo, "hay demasiado ruido." Mamá me dijo que los sonidos de bombillas brillantes les molestan a unas personas autistas. Les vuelve locos el zumbido. No aguantan quedarse a escuchar esos zumbidos fuertes. El aire acondicionado me mantiene despierto hasta muy de noche. Como eso me fastidia tanto, entiendo como se sienten.

Recientemente, me mamá me tuvo que sacar de una clase de zapatear. Siempre confundía los pies. Cuando los niños arrastraban el pie izquierdo, yo arrastraba el derecho. ¡Qué confusión, y la música y el zapateado estaban demasiado fuertes! Tuve que cubrirme los oídos con las manos para aguantarlo. Al marchar me resbalé con las plaquitas de metal de los zapatos y me caí. Fue entonces que empecé a llorar desde el fondo de mi corazón. Tenia pena y no quise que se vieran las lágrimas, pues las mantuve dentro de me. Mamá me sacó y no volvimos a entrar. Me sacó para siempre.

Siguiente a eso, fuera del salón, vi a una niña pequeña. Quise ver si había algo escrito en la espalda de su playera como en la mía. No me dejó quitar su suéter. Mamá me dijo que uno no le quita la ropa a una persona desconocida. Todavía no entiendo. *Estaba tratando de conocerla y ver su espalda.* También me gusta besar a las personas que me caen bien. Se apartan de mí como si estuviera enfermo o loco. Pues quizás no debería de hacer eso.

También Mamá me inscribió en una clase de Tae Kwon Do. Me encantó, pero Señora y Señor (los maestros) se molestaron conmigo. No pude mantenerme quieto y daba vuelta tras vuelta y tarareaba. Los otros niños tenían la vista clavada en mí. *Fue no más que me dolía la panza y tenía que hacer pipí.* Me enojé con Señora también porque no me entendía. Pues, seguía pateando a todos como juego, hasta a mis hermanos y hermanas. Fue entonces que le dijeron a mi mamá que mejor me sacara de la clase y que quizás podría intentar el próximo año, cuando cumpla seis años. *Me de mucha lástima.*

Antes mi color preferido era el anaranjado. Ahora es el azul. Me disgustan el rojo, el amarillo y el negro. Me gustan más el azul claro y el azul obscuro y el verde. Tengo un nuevo amigo que se llama Cody. Él es autista como yo. Nos caímos muy bien. Fue como si estuvieramos en la misma frecuencia. Pensaba tan similar a mí que se le dificultó bastante dejar mi casa. Pienso mucho en ese chico. Su mamá dice que a él no le gustan para nada los colores brillantes. Pero sí le gustan el azul, el gris y los colores obscuros como a mí.

29

Algunos olores me alteran mucho, como el de un baño apestoso o algo así. Pues les estorba casi a todos, pero yo sinceramente no lo aguanto. El perfume, la gasolina, y aún algunas personas huelen tan mal, que antes no podía quedarme en el mismo cuarto. Ya que me acostumbré a más olores me es más fácil tenerlos a mi alrededor. Cody, mi nuevo amigo, no aguanta el olor de la salsa de tomate hasta la fecha, y él ya cumplió sus once años. El es tan chistoso, le dice Gail a su mamá en vez de Mami, igual como lo hacen su hermano y su hermana.

El conocer a los demás es parecido a las puertas automáticas de vidrio. Cuando corres demasiado rápido hacia ellos, no se abren. Yo creo que es igual con los niños y con los adultos. Debo tener cuidado para que la gente no piense que soy raro.

Algunas veces el papel tapiz empieza a despegarse. No aguanto que esté así, parte pegado y parte caído. *Tengo que despegarlo. No puedo evitarlo.* Pedazo por pedazo hasta que se acaba todo. Me gusta como se siente y también me molesta cuando no está en su lugar. Pero además me gusta el sonido cuando se despega. A mi papá le da un berrinche, pero yo pienso que todo está bien. *Supongo que va a pintar la pared o a hacer algo.*

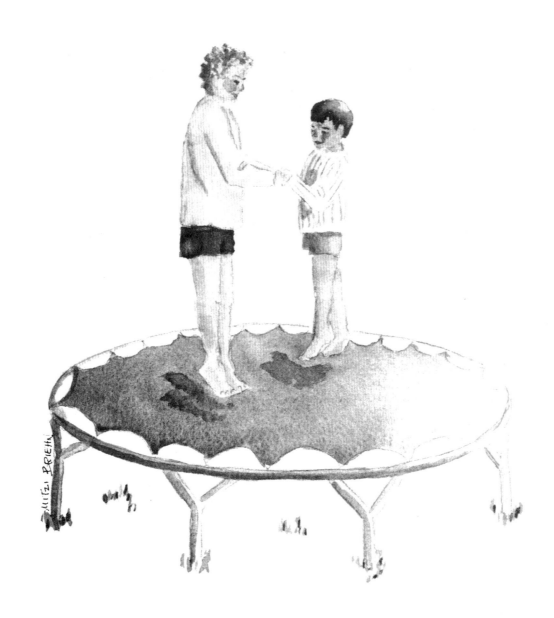

Me gusta decir las cosas una y otra vez, una y otra vez, una y otra vez. Y estonces empiezo a reírme. Si mi hermano me dice. "¿Qué crees que estás haciendo?" yo le arremedo: "¿Qué crees que estás haciendo?" Mi mamá me dijo que esto se llama e-co-la-lia, porque suena como un eco. Porque soy autista, a mí me gusta copiar a los demás de esta manera.

Otra cosa que me molesta es la ropa. Si me pica la tela o la ropa es incómoda, lo único que puedo pensar es en ¡quitármela! Preferiría andar desnudo si no hace demasiado frío afuera. Si no es la adecuado, la ropa puede arruinar mi día en la escuela. *Si no me pongo la ropa adecuada siento como si mi cuerpo estuviera anudado.* Tengo mi ropa favorita para vestir. La uso durante el día y también para dormir. *Se siente tan suave y no tiene ninguna parte dura.* Me la pondría todos los días si no fuera necesario lavarla.

Cuando acababa de apreder a caminar, mis pasos no tenian buen balance. Además de que cuando bajaba las escaleras, lo hacia es calera por escalera, bajando el pie izquierdo y después bajando el pie derecho a su lado. Sigo con este hábito. Siento que podría perder el equilibrio al bajar las escaleras, pues preferiría deslizarme para abajo por la barandilla.

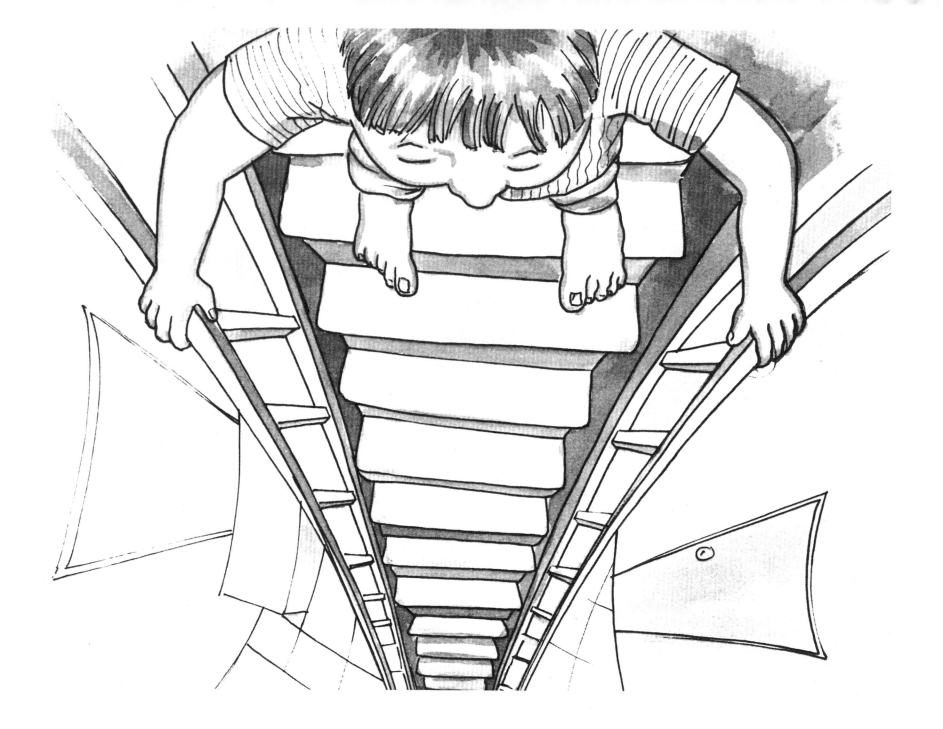

Una vez, cuando apenas tenía tres años decidí dar una caminata. No estaba vestido de más que el pañal. Había nieve en la calle y tanto me gustaba la sensación que seguí caminando hasta la calle grande. Una señora me recogió y me llevó en su carro por toda la vecindad. El carro se paró cerca de mi casa y mamá corrió hacia él a ver si era yo. Parecía que la señora se enojó mucho con mi mamá y mi mamá se enojó mucho conmigo. Quizás debí haberle dicho que iba a salir.

Me encanta la música y puedo recordar las canciones al derecho y al revés. Por ejemplo: "Pienso que tú eres grado A, querida y hermosa, capaz, bondadosa, encantadora, confiable, etc." Pero luego me cansé y dije: "No, no, no, no, alto alto alto..." La melodía de vueltas en mi cabeza por horas. Mi maestra de música le dice a mi mamá que puedo tocar notas perfectas, y que tengo un ritmo excelente. Algunas veces se me olvida donde estoy y continúo tarareando aunque haya mucha gente a mi alrededor. La gente piensa que esto es algo raro. Yo pienso que está bien.

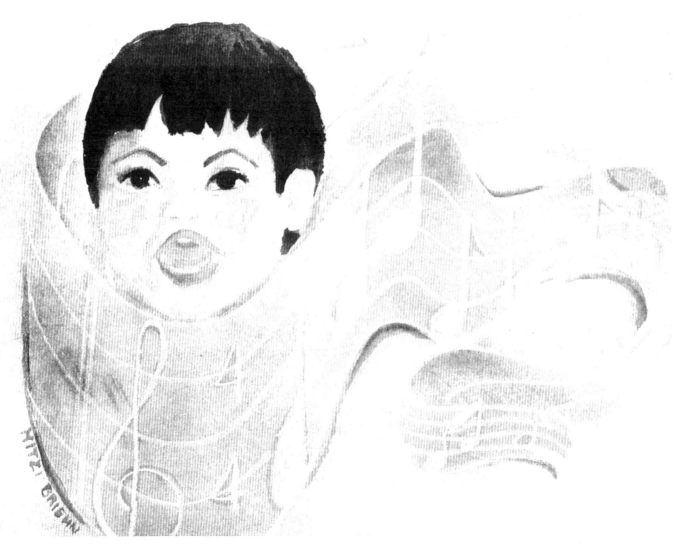

Empecé a leer (en voz alta) cuando tenía dos años y medio. Mamá piensa que en realidad podía leer más antes. Mi primera palabra fue "reciclar." Estábamos en el parque mis padres y yo y pasamos una camioneta que decía RECICLAR. Yo dije, "ru-si-ku-la." ¡Se miraron sin creer! Pasado el tiempo siguieron más y más palabras. Leo en dondequiera que vayamos, aún lo escrito en las paredes de los baños públicos. Fui a una fiesta y lo único que podía decir eran las letras S-A-L-I-D-A por la puerta una y otra vez, y seguía por la salida, alrededor y de regreso al cuarto. Fue la única manera de aguantar el estar con tanta gente. Así pasé toda la noche en esa fiesta. Mis padres no hallaron qué hacer.

Cada noche me duermo leyendo los libros que me deja mi hermana de diez años. Mamá dice que algunos niños con el autismo no leen y unos no hablan. Mamá piensa que de todas formas han de entender; solamente que piensan diferente de los demás. ¡Igual pienso yo!

Me gusta leer libros que tratan del cuerpo; me ayudan a dormir. Un día mi hermano Matt se quejaba de un dolor de estómago. Dijo que no sabía porque lo tenía. Yo dije, "Ya lo sé, la comida se lleva a otras partes del cuerpo y eso te causa el dolor de panza." Yo creo que él ya lo sabe.

Me enojo mucho con la gente cuando no me entienden. Yo digo, "No me estás escuchando", o, "Usted se equivoca por completo, esa no es la respuesta." Mi mamá se da cuenta de que estoy enojado por el tono de me voz. Por lo menos yo puedo decirle qué es lo que me molesta. Podría enojarme y empujarle a un lado, o no hablarle, o llorar. Eso no significa que no quiero a la persona. Mamá dice que alguna personas autistas no hablan ni leen, y su única manera de comunicarse con los demás es señalar a unos dibujos. Estoy muy contento de que sí puedo hablar. Si no, me molestaría y me frustraría mucho. De hecho me frustro y algunas veces pateo, así que si no pudiera hablar o leer, hubiera sido peor.

Me gusta saber de antemano qué es lo que va a pasar, si no, me molesto. Esa es una de las razones por las que me gusta mirar las películas una y otra vez. Si sé lo que va a pasar, estoy contento, pero si no estoy preparado, alguien como Caraly (la persona mayor que me asiste) me dice que hago cosas raras, como tener un berrinche y tirarme al piso. Ella me dice que ya no lo debo de hacer. A veces hago ruidos o repito cosas que oí en una película.

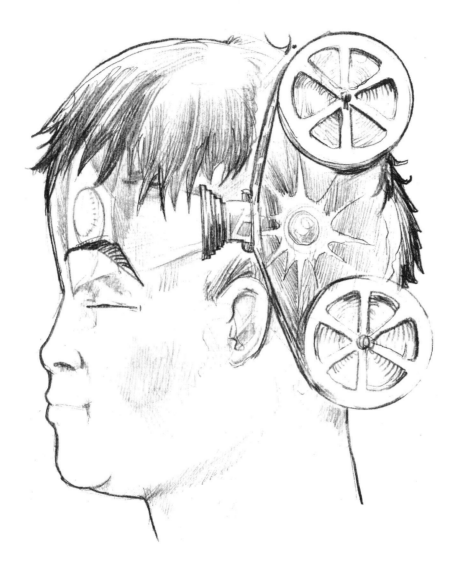

"La Rueda de la Fortuna" y Jeopardy" antes eran mis programas favoritos. Me quedaba pegado al televisor y quería repetirlos muchas veces. Ahora que voy a cumplir los cinco años, me gustan las caricaturas y otras películas de niños. Me gusta mirarlas una y otra vez, hasta cincuenta veces. De esta manera puedo memorizar la música y lo que dicen. Me hace sentir bien saber como empieza y como termina cada video y también saber qué es lo que sigue. Puedo predecir lo que sigue en una película; con las personas no.

Me gusta la comida, pero algunas cosas no quiero ni tocarlas. Especialmente cuando se mezcla. No sé lo que hay en esa cosa. Es sólo que se ve muy mezclado para mí. Por lo regular prefiero la comida que puedo agarrar con la mano, porque no tiene recaudo. La comida blanda, como los plátanos, me da asco. Tampoco me gustan algunas bebidas. Mamá dice que muchas personas autistas son muy delicadas con lo que comen. ¡Por supuesto que los demás pueden ser igual!

Jugar en mi computadora es lo que más me gusta hacer. Yo pienso como ella, y ella piensa como yo. Me alegre estar jugando con ella, lo haría todo el tiempo si pudiera. Los dos pensamos igual, directo al punto. El cerebro mío y la computadora se enfocan solamente en una parte de infomación a la vez. Por eso la computadora y yo somos tan parecidos. Puedo jugar con ella por horas. De hecho, a veces siento que tengo que jugar con ella para calmarme. Juego "El Día del Tentáculo," "Dr. Sebatio," y muchos otros juegos y discos compactos. También puedo obsesionarme con el sólo hecho de prender y apagar la computadora. Ésto me pasó mucho cuando me empezaron a interesar las computadoras, cuando tenía dos años.

En un juego de computadora, se le baja al baño para mandarle cosas a un personaje que se llama Jogy. *Él es el hombre gordo en el programa.* Aún cuando no jugaba con la computadora, solía decir, "¡Soy Jogy, el gordo!" Mamá dice que confundo lo real con lo irreal. *Me encanta bajarle las cosas a Jogy por el baño.* Muchas veces mi mamá ha tenido que llamar al plomero.

Una vez que era Sónic, El Puerco Espín, *mi mamá veras se asustó.* Me paré en el balcón y dije: *"¡Sónic quiere volar!"* Ella pensó que yo iba a lanzarme del balcón. En ese entonces pensaba que sería divertido, porque lo había visto en la televisión. Más luego mi mamá me explicó que si me hubiera lanzado me podría haber muerto. Ahora entiendo. *En vez de eso prefiero intentar bajar por la resbaladilla donde tiramos la ropa sucia.* Tampoco me dejan hacer eso. Mamá dice que me clavaría y ella tendría que llamar al 911. Cuando no está ella sigo probándolo.

Disfruto de las cosas que me gusta hacer, como leer y computar. Unas cosas me son fáciles, como el contar hasta los 200, jugar en la computadora, los juegos de video, leer, y la música. También quiero que las personas me quieran y poder tener amigos. Se me dificulta hacer amistades y llevarme bien con los demás niños.

Cuando juego con otro niño, no puedo hablarle y jugar a la vez. Hago lo uno, o lo otro. A veces sólo me dejan y se van.

A veces me miran raro cuando digo, "Hola, yo soy Ricki Ricón, el niño más rico del mundo." Es divertido jugar así. Me gusta ser "Ricki" hasta que encuentre a otro personaje que pueda ser, de una película o de un juego de computadora. Como la otra noche, cuando fuimos a ver la película "Murmel Murmel, Mortimer Munch." Yo era Mortimer y mi mami era la mamá de Mortimer. Ultimamente no he querido ser nadie más que yo mismo. ¡Para el Halloween me voy a disfrazar de un niño común y corriente!

Muy facilmente me lastiman mis sentimientos, y a veces lloro y le digo a la persona que estoy muy triste. A veces creo demasiado en lo que me dicen. Alguien me dice algo y me engaño. Me gusta caerles bien a los niños y algunos me caen bien a mí pero algunos son malos conmigo. Yo sé que soy diferente y solamente quiero saber cómo acoplarme. Podría hacer bastante para que alguien me quiera. A veces llegar hasta el punto de parecer un tonto. Mi mamá me contó algo de un muchacho autista de dieciséis años. Otro muchacho le dijo que se pusiera de rodillas y que ladrara como un perro. El muchacho autista lo hizo porque pensaba que el otro ya iba a ser su amigo. Un grupo de muchachos sólo se reían de él y lastimaron sus sentimientos. Su maestra le dijo que les dijera a los muchachos que lo dejaran en paz. Nunca más hizo algo tan tonto. Amigos verdaderos nunca le pedirían hacerse el payaso. Espero yo nunca caer en cosas así cuando sea más grande.

La persona major que me ayuda se daño porque un muchacho autista le pegó. Se le quebró la mano. Él se enojó porque tenía hambre y quería comida justo en ese momento. Igaul quiero yo hacer lo que quiero cuando quiero. Así soy, pero estoy aprediendo a aceptar que a veces me digan que no. Las personas majores me tienen que tener mucha paciencia. Me puedo perder sin reglas estrictas. Cuando estaba más chiquito, la cena se tenía que ver en la mesa justo a las 5:00 o batallaban para que me arrimara a la mesa.

Yo hablo diferente a los demás. Mi mamá trata de enseñarme a no decir "quiero no mayonesa," pero yo sé que no es así (por lo menos mi manera parece adecuada). Ella lo repitirá a su manera hasta que así lo memorizo, pero todavía no entiendo cómo es que la manera de ella es la adecuada.

Además que unos niños me dicen estúpido y mongolito porque hablo más despacio que ellos. Es que me tomo más tiempo en pensar en las respuestas. Es porque la mente no estaba pegado en la cuestión. Probablemente estabe pensando en otra cosa. Mi hermano ha de pensar que tengo el cerebro con varios compartimientos, como cajitas. Es porque tengo que enfocarme tanto en una cosa, como hay tantas cosas pasando a la vez. A veces cree que no le oigo. *No más que estoy tan metido en lo que quiero hacer como para cambiar a otra cosa. Trato de imaginar exactamente lo que me dicen. Me confundo cuando se dice que hay un aguacero. En inglés se dice que está lloviendo a gatos y perros. Yo miro hacia el cielo para ver si está cayendo algún animal.*

A veces me molesto con todo lo que está pasando. Todo viene hacia mí por todos lados, y siento que quiero huir. A veces lo hago y se me olvida decírselo a alguien. Un día había decidido traer a mi hermanito Stephen, para escalar la chimenea de otra casa. Mamá nos descubrió y se enojó mucho conmigo.

Otro día Mamá nos traía a cinco niños de la clase de computadoras. Yo pensaba que el juego de computadora Tetrus era muy divertido. Matt se puso a gritar cuando decidí jugarlo en su cabeza con un libro. Mamá me dijo que hasta ese momento lo había pensado un juego inofensivo.

Hace unos meses, estábamos jugando un juego de video que se llama "Los Vikingos Perdidos." Dentro del juego jugaban con cuchillos, pues entonces quise hacerlo también en la casa. Subí a la cocina a conseguir el cuchillo más grande para matar al enemigo. Después de todo, ¿no es eso lo que supuestament tenemos que hacer, deshacernos de los malos?

Si no quiero ir a la escuela, digo: "La escuela está cerrada, creo que todo está con candado." Mi manera es diferente de la de mi hermano. Él diría: "¡No quiero ir a la escuela!"

Estoy contento de que tengo mis hermanas y hermanos. Me forza a llevarme bien con otros niños aunque no quiera. Aprendo mucho de ellos y nos queremos mucho. Les explican a sus amigos cómo soy diferent y único. Hasta fui al tercer grado de mi hermano para leerles un libro en la clase. Matt, Kim y Christina se sintieron tan orgullosos de mí. Algunos niños sí me entienden y otros no. Me gusta acoplarme y jugar, pero algunos niños son amables conmigo y otros no.

Yo soy igual que todos. Quiero tener amigos y quiero caerles bien a los demás. Quiero que me acepten y me quieran por lo que soy, y que nunca se burlen de mí. Me gustaría acoplarme. Mi mamá me dice que soy diferente y especial. También me dice que soy bien listo. Me da la impresion de que realmente lo soy, por la manera como me trata alguna gente.

Lo que más quiero es pasar la vida alegre, divertirme bastante y caerles bien a los demás.

Jonathan S.